MANDAMIENTOS
DE UN EMPRENDEDOR

Pablo Suriel Langumas

MANDAMIENTOS DE UN EMPRENDEDOR

Santo Domingo, Distrito Nacional
Octubre 2023

Mandamientos de un Emprendedor

Autor:

Pablo Suriel Langumas

Primera edición:
Octubre 2023

Diagramación:
Roger Rufino Contreras González

Diseño de portada:
Abigail Massiel Bonilla

ISBN: 978-9945-18-281-1

ÍNDICE

PRÓLOGO

Las reflexiones escritas tituladas MANDAMIENTOS DE UN EMPRENDEDOR, son parte de mi experiencia de vida, plasmada en frases cortas con la finalidad de que los lectores puedan interpretarlas de una manera fácil y sencilla, logrando de esta manera sacarle el mayor provecho posible y que puedan aplicarlas de manera sostenida en el diario vivir.

Son pensamientos, elaborados, evaluados y valorados pensando en todas las edades, de manera muy especial en los jóvenes a nivel mundial, que hoy más que nunca necesitan orientación y motivación.

DEDICATORIA

Dedico este libro a toda mi familia, colaboradores, relacionados y todos los seres humanos que de una u otra forma, pueden beneficiarse de la aplicación sostenida en sus vidas diarias del contenido de este libro, expresado en reflexiones y frases sencillas, fáciles de entender y aplicar de manera objetiva.

A todas y todos mi más sincera gratitud, con mucho cariño y respeto.

Capítulo I
Mandamientos de Motivación

MANDAMIENTO O REFLEXIÓN BÁSICA QUE DEBEN TENER MUY EN CUENTA TODOS LOS EMPRENDEDORES PARA LOGRAR EL ÉXITO.

La reflexión básica y siempre a considerar, está conformada por cuatro puntos a efectuar de manera ordenada y consistente, en el orden siguiente:

1. Trabajar y actuar siempre con amor y voluntad en todos los proyectos que elijan en sus vidas, sustentados en evaluaciones y factibilidades bien ponderadas y elaboradas.

2. Cumplimiento de manera puntual con los compromisos, PERSONALES, FAMILIARES, LABORALES, COMERCIALES, FINANCIEROS Y SOCIALES.

3. Actuar con HUMILDAD, y controlar razonablemente lo poco o mucho que reciban producto de sus esfuerzos, cuidando de manera sostenida la reputación.

4. Arroparse siempre con la sabana, hasta donde puedan, para evitar los fracasos por no disponer de la capacidad y herramientas necesarias en los momentos oportunos.

Los demás mandamientos emprendeduristas están expresados a continuación, en 275 reflexiones conforme a las experiencias y vivencias personales, comerciales y empresariales del autor de éste importante libro.

En el terreno FÉRTIL, debe
sembrarse la semilla INDICADA,
para tener la cosecha deseada.

Pablo Suriel Langumas

01

La dignidad es sostenida
con honestidad y la integridad,
con el ALMA, sin perjudicar
de frente o no a los DEMÁS.

Pablo Suriel Langumas

La VOLUNTAD, convierte la esperanza en REALIDAD.

Pablo Suriel Langumas

Estar tranquilo, no es estar haciendo nada, si no, estar haciendo lo que te gusta y lo CORRECTO, aun que nadie te esté MIRANDO.

Pablo Suriel Langumas

La voluntad, hay que acompañarla
de la ACCIÓN, para lograr
la REALIZACIÓN.

Pablo Suriel Langumas

La voluntad, sin la ACCIÓN
se convierte en una FRUSTRACIÓN.

Pablo Suriel Langumas

La capacidad Intelectual
no se mide por el conocimiento
ADQUIRIDO, si no, por
el resultado OBTENIDO.

Pablo Suriel Langumas

Con la imaginación positiva
acompañada de la acción
y la VOLUNTAD, podemos
transformar la HUMANIDAD.

Pablo Suriel Langumas

El estratega concentra
el pensamiento en PREVISIÓN,
y vigila el éxito de la ACCIÓN.

Pablo Suriel Langumas

Los pueblos eligen los cambios,
para avanzar en DEMOCRACIA,
no para justificar INEFICACIA.

Pablo Suriel Langumas

Los pensamientos son para
la SOLUCIÓN, evitando
la COMPLICACIÓN.

Pablo Suriel Langumas

El protagonismo sin
INTELIGENCIA, descalifica
la humildad y la EFICIENCIA.

Pablo Suriel Langumas

Me retiro porque tengo suficiente, no porque sea MUCHO, sino porque necesito POCO.

Pablo Suriel Langumas

Cuando la cortesía nos ACOMPAÑA, se abren todas las puertas y VENTANAS.

Pablo Suriel Langumas

A la riqueza mundial,
hay que exigirle justicia SOCIAL,
para ellos vivir en paz
y los pobres con DIGNIDAD.

Pablo Suriel Langumas

Sin confrontación y CONCILIACIÓN,
se consigue una sabia SOLUCIÓN.

Pablo Suriel Langumas

La VOLUNTAD, crea la acción
inmediata y genera ESPERANZA.

Pablo Suriel Langumas

La EXPERIENCIA,
es manifestación de la sapiencia,
en la trayectoria de la VIDA.

Pablo Suriel Langumas

Corriges el error con
TOLERANCIA, para que
no se repita y, a quien corrijas
lo asuma como EXPERIENCIA.

Pablo Suriel Langumas

El liderazgo creado
REGALANDO, termina fracasado
y DESACREDITADO.

Pablo Suriel Langumas

El liderazgo en base a sacrificio
y CUMPLIENDO, será sostenido
en el TIEMPO.

Pablo Suriel Langumas

En la vida la acción de avance y DIFICULTAD; se resuelve con logicidad APLICADA.

Pablo Suriel Langumas

A mi EDAD, expongo
mi experiencia de VIDA,
exceptuando mis errores,
para que no se repitan.

Pablo Suriel Langumas

A los niños, adolescentes
y jóvenes adultos les
CONVIENE, seguir
la experiencia de los mayores
de buenas INTENCIONES.

Pablo Suriel Langumas

Cuando el conocimiento aplicado
y el poder se convierten
en aliados sin CONTUBERNIOS,
la riquezas replandecen a favor
de los mas pobres y transforman
los PUEBLOS.

Pablo Suriel Langumas

La humanidad demanda,
emprendedores y empresarios
de carácter MUNDIAL; con riquezas
de valor agregado, con impacto
SOCIAL.

Pablo Suriel Langumas

Vivamos con HERMANDAD,
y fortaleceremos a los DEMÁS.

Pablo Suriel Langumas

El plagio es un engaño del ALMA,
que crea pasivo doble de conciencia
en la raza HUMANA.

Pablo Suriel Langumas

¡Que viva la República
DOMINICANA!, ¡que viva el
mundo y la lucha por la dignidad
HUMANA!

Pablo Suriel Langumas

Hay que ser UNIVERSAL,
no hay fronteras para pensar
y ACTUAR.

Pablo Suriel Langumas

El que piensa bien, sin estar dispuesto a ESFORZARSE, solo termina siendo un buen teórico con ideas INTERESANTES.

Pablo Suriel Langumas

Tenemos que ser solidario MUNDIAL, no hay fronteras para AYUDAR.

Pablo Suriel Langumas

Toda mi vida he pensado
y PENSARÉ, por todo aquel
que no tiene voz para ÉL.

Pablo Suriel Langumas

El mundo es hermoso y vamos a seguir ADELANTE, con Dios y nuestra voluntad, siempre saldremos TRIUNFANTES.

Pablo Suriel Langumas

El documental es la expresión
CULTURAL, que interpreta
e impacta lo SOCIAL.

Pablo Suriel Langumas

Un buen GOBIERNO, es
sostenido en el tiempo y las
generaciones seguirán
su EJEMPLO.

Pablo Suriel Langumas

Los países construyen y sostienen
la POBREZA, por la falta
de TRANSPARENCIA.

Pablo Suriel Langumas

El reconocimiento del sacrificio
y el esfuerzo nos hace más FELIZ,
y siempre estar dispuesto
a SERVIR.

Pablo Suriel Langumas

La educación continua
APLICADA, hace más próspera
la vida HUMANA.

Pablo Suriel Langumas

La familia es la institución
más LONGEVA, con Educación
sostenida a seguir luchando por ella,
por la paz de la HUMANIDAD.

Pablo Suriel Langumas

Los poderes de la existencia:
económico, religioso, político y
tema RACIAL, hay que conciliar,
para la paz y el avance MUNDIAL.

Pablo Suriel Langumas

El dinero es una herramienta,
el conocimiento crea CONCIENCIA;
garantía del éxito de nosotros
mismos y nuestra FAMILIA.

Pablo Suriel Langumas

El compartir el conocimiento
de la cultura de los pueblos,
fortalece los vínculos entre los
mismos pueblos y nos hace
más fuerte, para crear la bondad
y enfrentar la adversidad.

Pablo Suriel Langumas

La ARROGANCIA, siempre será
opuesta a la TOLERANCIA.

Pablo Suriel Langumas

Nunca RESTES O DIVIDAS
y tendrás éxito en la vida.

Pablo Suriel Langumas

Debemos ser exigentes
con nosotros MISMOS, para
poder cumplir con nuestros
COMPROMISOS.

Pablo Suriel Langumas

La exigencia a sí MISMO,
es el fundamento del SACRIFICIO.

Pablo Suriel Langumas

Si queremos un mundo MEJOR;
tenemos que dar ejemplos con
integridad, resultado y HONOR.

Pablo Suriel Langumas

Hay que educar a los niños
y jóvenes con honradez
CIUDADANA, para que puedan
vivir en una democracia
verdaderamente digna
y SOBERANA.

Pablo Suriel Langumas

El gobierno no debe regalar
nada de manera INDIVIDUAL,
si no ser un buen facilitador
del sacrificio que solucione
la necesidad POPULAR.

Pablo Suriel Langumas

La facilidad para el éxito
y BENEFICIO, siempre debe estar
acompañada de SACRIFICIO.

Pablo Suriel Langumas

El que no cumple con la acción
y VOLUNTAD, jamás llegará
a la meta PROPUESTA.

Pablo Suriel Langumas

El buen legado lo deja
el que piensa y ACTÚA, para
que las generaciones lo sigan,
aún después de estar
en la TUMBA.

Pablo Suriel Langumas

Siempre de un poco
más de lo que OFRECE, para
que sea bien valorado, por todo
el que lo CONOCE.

Pablo Suriel Langumas

Para el éxito en la vida
hay que acompañar la TEORÍA,
con el cumplimiento
y el accionar del DÍA-DÍA.

Pablo Suriel Langumas

Después de los cincuenta AÑOS,
hay que ser cuidadoso, para
terminar la vida siendo EXITOSO.

Pablo Suriel Langumas

Educarnos con conciencia
es el mejor regalo a los PUEBLOS,
a nuestra familia y a nosotros
MISMOS.

Pablo Suriel Langumas

Estudias y trabajas lo que
DISFRUTAS, vivirás la vida,
como te GUSTA.

Pablo Suriel Langumas

El RESPETO, la consideración
y la cortesía, es tu mejor
regalo al mundo y especialmente
a tu FAMILIA.

Pablo Suriel Langumas

Un consejo bien INTENCIONADO,
es el mejor regalo a cada
uno de tus discípulos
y RELACIONADOS.

Pablo Suriel Langumas

El emprendedor TRIUNFANTE,
es aquel que valora y está
dispuesto a SACRIFICARSE.

Pablo Suriel Langumas

El bienestar sin valor
y SACRIFICIO, puede
comprometer a tu familia, tus
amigos y a ti MISMO.

Pablo Suriel Langumas

El origen y acciones de los
PUEBLOS, siempre determinarán
su COMPORTAMIENTO.

Pablo Suriel Langumas

Donde termina mi deber
y DERECHO, comienza el tuyo
y el del mundo ENTERO.

Pablo Suriel Langumas

La innovación en la evolución
INTELIGENTE, está el avance a
favor o en contra de las GENTES.

Pablo Suriel Langumas

Una acción de FRACASO,
con prudencia y tacto, puede
convertirla en un éxito
de IMPACTO.

Pablo Suriel Langumas

La PACIENCIA, se consolida
con la EXPERIENCIA.

Pablo Suriel Langumas

Actuar siempre
con RESPONSABILIDAD,
es el ilustre respeto
a los DEMÁS.

Pablo Suriel Langumas

La GRATITUD, es la lealtad
con todo el que se preocupa
por ti, a cambio de NADA.

Pablo Suriel Langumas

Todo el que lucha para que los
demás vivan con DIGNIDAD, es
un mensajero leal,
a la paz MUNDIAL.

Pablo Suriel Langumas

Buenas ideas, pueden fracasar
en la ACCIÓN, por falta
de SUPERVISIÓN.

Pablo Suriel Langumas

Una buena SUPERVISIÓN,
puede hacer triunfar una idea
sin relevancia en ACCIÓN.

Pablo Suriel Langumas

El incentivo a la educación
y concientización CIUDADANA,
conduce al mundo a vivir
en paz y DIGNIDAD.

Pablo Suriel Langumas

2020: año de dolor, nos ha fortalecido
el amor... año de distancia, la realidad
nos acerca...año de tristeza, el deseo
de vivir nos da fortaleza, 2021:
cuidándonos lo convertiremos
en un TRIUNFO.

Pablo Suriel Langumas

Leyendo se APRENDE, se crece aplicando lo que ENTIENDES.

Pablo Suriel Langumas

Cuando muere una persona buena
a quien aprecia y QUIERE,
el mejor homenaje es difundir
su legado y PLACERES.

Pablo Suriel Langumas

La RIQUEZA, genera dignidad, cuando se actúa con LEALTAD.

Pablo Suriel Langumas

Cuando la riqueza se usa como garantía y fuente de la sostenibilidad SOCIAL, tendrá impacto en la paz MUNDIAL.

Pablo Suriel Langumas

La persona recomendada
en el lugar que se desarrolla
o NACE, es confiable en todo
lo que HACE.

Pablo Suriel Langumas

El emprendedor es desinteresado en el PRESENTE, a cambio de recibir consejos y aprendizajes que le garanticen el AVANCE.

Pablo Suriel Langumas

La tenacidad bien INTENCIONADA,
es la garantía del avance
partiendo de la NADA.

Pablo Suriel Langumas

Todo el que quiere TRIUNFAR,
tiene que estar dispuesto
a LUCHAR.

Pablo Suriel Langumas

La juventud es el tesoro
más preciado del ser HUMANO,
debe aprovecharlo hasta lograr
el éxito que se ha PLANTEADO.

Pablo Suriel Langumas

El emprendedor tiene una gran parte de SOÑADOR, la diferencia está en convertirse en un buen EJECUTOR.

Pablo Suriel Langumas

Quien analiza y piensa
CORRECTAMENTE, a pesar
de la dificultad, logra el ÉXITO.

Pablo Suriel Langumas

85

El que nace para TRIUNFAR,
la dificultad la convierte en reto
para AVANZAR.

Pablo Suriel Langumas

La persona en que CONFÍAS, nunca la evalúes por la forma de actuar, sino por la lealtad ante la DIFICULTAD.

Pablo Suriel Langumas

El éxito DISFRUTABLE, siempre
estará sustentado en el sacrificio
bien INTENCIONADO.

Pablo Suriel Langumas

Nunca exija tu derecho ACALORADO, para que sea bien ESCUCHADO.

Pablo Suriel Langumas

La juventud con acción
y RESPONSABILIDAD, triunfa
para sí mismo y los DEMÁS.

Pablo Suriel Langumas

La juventud con acción
e IRRESPONSABILIDAD,
fracasará para sí mismo y todo el
entorno que de ella DEPENDERÁ.

Pablo Suriel Langumas

El sacrificio organizado
es INDIMENSIONADO, deben
merecerlo la sociedad y descendientes
dispuestos a seguirse
SACRIFICANDO.

Pablo Suriel Langumas

El sacrificio altruista desde
el ALMA, con prioridad
en la familia y una buena amistad,
te da PAZ.

Pablo Suriel Langumas

El sacrificio egoísta desde
el ALMA, pensando solo en ti
mismo, te llevarás al ABISMO.

Pablo Suriel Langumas

Los poderes político, económico
y MILITAR, no se enfrentan de
manera horizontal, si no con
estrategia, para
poder TRIUNFAR.

Pablo Suriel Langumas

Siempre daré lo que PUEDA,
no lo que tú QUIERAS.

Pablo Suriel Langumas

Tenemos que dejar un buen legado a la sociedad y nuestras GENERACIONES, disfrutando y cuidando con valor, nuestro sacrificio e INVERSIONES.

Pablo Suriel Langumas

El paso por nuestra vida, debe
ser APROVECHADO, construyendo
y disfrutando con valor,
un buen LEGADO.

Pablo Suriel Langumas

Nuestras instituciones tienen
que ser FORTALECIDAS, para
dejar atrás, la pobreza INDIGNA.

Pablo Suriel Langumas

Finalizaré mis estudios
y trabajaré para mi familia
y una sociedad DIGNA, para
disfrutar la VIDA.

Pablo Suriel Langumas

Nunca cuentes con lo que imaginas
o QUIERES, si no con lo que
tienes disponible para resolver
tus compromisos y PLACERES.

Pablo Suriel Langumas

Hay que hacer una buena
EXPOSICIÓN, para ser escuchado
por los que tienen capacidad
de SOLUCIÓN.

Pablo Suriel Langumas

He trabajado, estoy trabajando
y trabajaré, para mi FAMILIA,
y una sociedad digna,
para disfrutar la VIDA.

Pablo Suriel Langumas

He trabajado y terminado
con buen resultado, para el disfrute
de mi familia, una amistad
DIGNA y un buen LEGADO,
para que las generaciones
sigan LUCHANDO.

Pablo Suriel Langumas

La estabilidad, con humildad
en la familia y una buena
AMISTAD, te dará en el tiempo
la verdadera TRANQUILIDAD.

Pablo Suriel Langumas

El éxito y la transformación
de estatus; jamás puede
ser PRETEXTO, para tratar
con indiferencia al que
siempre te muestra AFECTO.

Pablo Suriel Langumas

Aunque cometamos errores,
no nos deben satanizar nuestras
ACCIONES, pueden afectar
el interior de nuestras buenas
INTENCIONES.

Pablo Suriel Langumas

El que comienza TEMPRANO,
termina temprano y el éxito
es más fácil LOGRARLO.

Pablo Suriel Langumas

El que comienza TARDE,
termina tarde y el éxito tendrá
mucho más DIFICULTADES.

Pablo Suriel Langumas

Pocos han pensado mucho,
nos han creado SUFICIENTE,
para seguir innovando a favor
de las GENTES.

Pablo Suriel Langumas

Pocos seguirán creando, muchos seguirán INNOVANDO, es lo ideal para que el mundo se siga DESARROLLANDO.

Pablo Suriel Langumas

Los grandes pensadores
no buscan COMPENSACIONES,
si no razones y SOLUCIONES.

Pablo Suriel Langumas

Algunas dificultades AJENAS,
nos inspiran y nos enseñan
que con las voluntades aplicadas,
podemos lograr todas las metas
PROGRAMADAS.

Pablo Suriel Langumas

Siempre debemos contar todas
las dificultades convertidas
en ÉXITO, para inspirar
a generaciones a lograr todo
cuanto nos PROPONEMOS.

Pablo Suriel Langumas

El éxito como mérito
de la VOLUNTAD, constituye
inspiración, para los DEMÁS.

Pablo Suriel Langumas

Estoy comprometido conmigo mismo; hacer un LEGADO, para que personas necesitadas sigan TRABAJANDO.

Pablo Suriel Langumas

Si no trabajamos para
TRIUNFAR, estamos luchando
para FRACASAR.

Pablo Suriel Langumas

El que mezcla la política
con el dinero SACRIFICADO,
está preparando su tumba para
ser SEPULTADO.

Pablo Suriel Langumas

La sociedad entre dos,
que el enfoque no esté dentro
de lo CORRECTO, el fracaso
y enemistad, es un HECHO.

Pablo Suriel Langumas

Si actuamos con integridad
y HONESTIDAD, construiremos
un mundo más justo,
para vivir en PAZ.

Pablo Suriel Langumas

El arte de escuchar y LEER,
fomenta la idea de crear
y ESCRIBIR.

Pablo Suriel Langumas

Con la humildad y una buena exposición de CONCILIACIÓN, se termina una guerra, para salvar al mundo o una NACIÓN.

Pablo Suriel Langumas

Si hago algo bueno y lo REPITO,
contribuyo con los demás
y conmigo MISMO

Pablo Suriel Langumas

A pesar de una minoría
incumplidora y DAÑINA,
tenemos que seguir con
la mayoría y sonreír a la VIDA.

Pablo Suriel Langumas

Es mejor dar sin recibir nada
a CAMBIO, solo la compensación
de la solución y ayuda al PRÓJIMO.

Pablo Suriel Langumas

No quiero que el mundo
me recuerde por mis IDEAS,
sino por las soluciones
que estas PROVEAN.

Pablo Suriel Langumas

Todo lo que está bajo
su RESPONSABILIDAD, tiene
que controlar, para ante usted
mismo y los demás no FRACASAR.

Pablo Suriel Langumas

A los ancianos se les provee amor y alimentos, a las nuevas generaciones CONOCIMIENTOS, para un futuro cargado de ÉXITO.

Pablo Suriel Langumas

Para el éxito, la imaginación sólo funciona
en la proyección y VISIÓN, el presente es
acción y SUPERVISIÓN.

Pablo Suriel Langumas

No se resuelve nada, con el sacrificio
REALIZADO, si no con el resultado
OBTENIDO.

Pablo Suriel Langumas

La supervisión debe ser sostenida en el TIEMPO, para lograr el buen resultado PROPUESTO.

Pablo Suriel Langumas

Una buena redacción
de sus escritos, es la mejor
presentación ante
sus RELACIONADOS, conocidos
y DESCONOCIDOS.

Pablo Suriel Langumas

132

Hay que seguir escribiendo
y leyendo en PAPEL, para
mejorar y aprender a LEER.

Pablo Suriel Langumas

Siempre tratas de innovar
y ser el MEJOR, respetando
el esfuerzo de los demás
y tu COMPETIDOR.

Pablo Suriel Langumas

El esfuerzo sin VOLUNTAD,
desalienta y puede FRACASAR.

Pablo Suriel Langumas

El ÉXITO, es el resultado
del esfuerzo y la voluntad
del ser HUMANO.

Pablo Suriel Langumas

Cuando tus adversarios te atacan,
no tengas MIEDO, actúas
con paciencia y tacto, tarde
o temprano terminarás
VENCIENDO.

Pablo Suriel Langumas

Tener humanos institucionalizados,
es fuente de RIQUEZA,
por sentirse motivados en lo
personal y en lo EMOCIONAL.

Pablo Suriel Langumas

Las críticas nos permiten
CRECER, y construir un mundo
fuerte y con más PODER.

Pablo Suriel Langumas

La falta de experiencia
en la JUVENTUD, puede
ser compensada con el tacto,
evitando el ÍMPETU.

Pablo Suriel Langumas

Lo correcto se establece
y se EXIGE, no se impone
por maltrato a las GENTES.

Pablo Suriel Langumas

Las buenas ideas consensuadas entre personas bien INTENCIONADAS, se transforman en soluciones de carácter HUMANISTA.

Pablo Suriel Langumas

Cuando llegues a los 50, viva
y disfrute con espíritu de juventud,
accione sin preocupación
y PACIENCIA, para alargar
la EXISTENCIA.

Pablo Suriel Langumas

Tenemos que cuidar la tierra,
es la base de nuestra EXISTENCIA,
actuemos con responsabilidad
en el cuido de la NATURALEZA.

Pablo Suriel Langumas

El fracaso antes y después
del ÉXITO, es el punto débil
a convertir en fuerte
por el ser HUMANO.

Pablo Suriel Langumas

La persona EXITOSA, el fracaso
lo convierte en reto,
para lograr el ÉXITO.

Pablo Suriel Langumas

La persona que nacen y viven
para TRIUNFAR, el fracaso lo
utilizan para reinventarse el
camino al éxito
y PROSPERIDAD.

Pablo Suriel Langumas

Frente al mundo, siempre debemos actuar con GRATITUD, por el bien de los demás y vivir nuestra vida a PLENITUD.

Pablo Suriel Langumas

En la mañana inicio
con EMOCIÓN, en la tarde con
acción y en la noche termino
con REFLEXIÓN.

Pablo Suriel Langumas

Cuando un Líder actúa
con PREPOTENCIA, evidencia
una falta de humildad,
iniciando su decadencia
por INTOLERANCIA,

Pablo Suriel Langumas

A luchar por la descontaminación
UNIVERSAL, para vivir en salud
y poder AVANZAR.

Pablo Suriel Langumas

Cuando te sacrificas para vivir
con dignidad y mentalmente
dispuesto a LUCHAR, la pobreza
DESAPARECERÁ.

Pablo Suriel Langumas

Si en el futuro queremos
una convivencia con dignidad,
el código de ÉTICA, en nuestras
escuelas tenemos que ENSEÑAR.

Pablo Suriel Langumas

Si queremos salir
de la POBREZA, vamos a luchar
y aplicar el código de ÉTICA.

Pablo Suriel Langumas

154

Cumples con todo el MUNDO,
es el mejor seguro de tu FUTURO.

Pablo Suriel Langumas

El que no cumple siempre tiene mala SUERTE, porque nunca puede contar con las GENTES.

Pablo Suriel Langumas

A las personas en salud,
no se le puede facilitar nada
que no involucre SACRIFICIO,
para garantizar que valoren
el BENEFICIO.

Pablo Suriel Langumas

El que vive de APARIENCIA,
no está seguro de lo que tiene
y de con quien CUENTA.

Pablo Suriel Langumas

La apariencia debe estar
SUSTENTADA, con lo que tú
cuentas y puedas usar
con LIBERTAD.

Pablo Suriel Langumas

Exhibir la HUMILDAD, es la única apariencia que surge del alma y se expande como una luz hacia los DEMÁS.

Pablo Suriel Langumas

Tienes derecho a hacer
lo que quieras con LIBERTAD,
lo que no tienes derecho hacer
es lo incorrecto en perjuicio
de los DEMÁS.

Pablo Suriel Langumas

Inteligente no es el que
APRENDE, sino, el que enseña
lo poco o mucho
que ENTIENDA.

Pablo Suriel Langumas

El mundo tendrá PAZ, cuando
el poder económico actúe
con solidaridad y más EQUIDAD.

Pablo Suriel Langumas

Nunca actúes como
ANALFABETO, siempre haz lo
que te guste como un EXPERTO.

Pablo Suriel Langumas

La lealtad institucional
o PERSONAL, es un homenaje
a la satisfacción
y continuidad a la META.

Pablo Suriel Langumas

Debemos crear cosas nuevas
INSTRUCTIVAS, para ilustrar
a las nuevas generaciones y vivan
una mejor VIDA.

Pablo Suriel Langumas

La inteligencia emocional,
tenemos que FOMENTAR, para
vivir en paz y poder AVANZAR.

Pablo Suriel Langumas

El tiempo es GRATIS, utilízalo
en aporte a los demás
y beneficio para TI.

Pablo Suriel Langumas

El crecimiento VERTICAL,
con el debido cuidado horizontal,
garantizará el desarrollo
UNIVERSAL.

Pablo Suriel Langumas

Solo necesitamos salud
y dignidad SOSTENIDA, para
avanzar y lograr el éxito
en la VIDA.

Pablo Suriel Langumas

Debes hacer conciencia sobre
lo que necesitas y quieres
APRENDER, empoderarte sobre
esto y lograrás CRECER.

Pablo Suriel Langumas

No hemos hecho el mundo,
ni lo veremos ver ACABAR,
simplemente, tener un buen vivir,
trabajar con disciplina
y DISFRUTAR.

Pablo Suriel Langumas

Los capitales lícitos
y SACRIFICADOS, deben dejarse
y estar en manos de un buen
gerente, con alto sentido de
sacrificio y HUMANISMO.

Pablo Suriel Langumas

Aprendiendo con VOLUNTAD, cambiaremos el mundo, para mejor vida y más LIBERTAD.

Pablo Suriel Langumas

Nunca maltrates tú COMPETIDOR,
es quien te creas la voluntad
y necesidad de ser mejor
INNOVADOR.

Pablo Suriel Langumas

El tiempo es tu mejor AMIGO,
si no lo aprovechas, se convierte
en tu peor ENEMIGO.

Pablo Suriel Langumas

El bochorno, puede convertirse
en reto y, a través del TIEMPO,
en un gran ÉXITO.

Pablo Suriel Langumas

Siempre levántate positivo
y actúa con VOLUNTAD,
lo que te propongas lo LOGRARÁS.

Pablo Suriel Langumas

La honradez, aún en
CALAMIDAD, es el símbolo
que sustenta la DIGNIDAD.

Pablo Suriel Langumas

Capítulo II
Mandamientos Humanistas

Pablo Suriel Langumas

Tenemos que transformar
el mundo con buenos ejemplos
y VALORES, para bienestar
de las futuras GENERACIONES.

Pablo Suriel Langumas

Hay que actuar con MODERACIÓN, para proteger a GENERACIONES

Pablo Suriel Langumas

Padre bueno y madre BUENA,
crían hijo inútil
y con PROBLEMA.

Pablo Suriel Langumas

A la patria no se le sirve
por interés PARTICULAR, sino
para que sus ciudadanos puedan
avanzar y vivir con DIGNIDAD.

Pablo Suriel Langumas

La NOBLEZA, es el arte de
compasión en la alegría
y la DIFICULTAD.

Pablo Suriel Langumas

El malintencionado, sin importar
cuánto haya AVANZADO,
termina siendo RECHAZADO.

Pablo Suriel Langumas

En la vida hay pasajes
que no se OLVIDAN; pero no deben
formar parte de tu vida, Solo
recordarlos, para que no se REPITAN.

Pablo Suriel Langumas

La grandeza de un ser humano
no se mide por la cuantificación
del fracaso o el éxito que le provoquen
los DEMÁS, si no por la tolerancia
con que enfrenta la realidad, por que
nada trae y nada se LLEVARÁ.

Pablo Suriel Langumas

El amor no tiene precio, género, especie y raza; es ABSTRACTO, se disfruta con el alma y OLFATO.

Pablo Suriel Langumas

El mundo ha cambiado,
y nos ha dado una LECCIÓN, dile
a todas tus gentes que no se puede
vivir con RENCOR.

Pablo Suriel Langumas

Cuando aprecias a alguien ¡abrázalo,
abrázalo! con SINCERIDAD
y en los oídos le dice, lo importante
de su amor o AMISTAD.

Pablo Suriel Langumas

El desarrollo humano debe ser en 360 grados, salud, nutrición, EDUCACIÓN, producción y humanismo con la POBLACIÓN.

Pablo Suriel Langumas

La Educación y nutrición deben
ser INTEGRAL, a las madres
les recuerdo que en sus vientres,
con responsabilidad y ternura
deben COMENZAR.

Pablo Suriel Langumas

Lo CORRECTO; es la acción emblemática del buen COMPORTAMIENTO.

Pablo Suriel Langumas

Si comes SANO, serás un ejemplo
y vivirás con salud mucho
TIEMPO.

Pablo Suriel Langumas

La mentira INDUCIDA,
es una contaminación mental
HUMANISTA.

Pablo Suriel Langumas

Lo que nos da satisfacción
no lo podemos MALTRATAR,
esas son las mujeres que solo se
tocan, para DISFRUTAR.

Pablo Suriel Langumas

El pensador HUMANISTA,
siempre conciliará los poderes
de la existencia de la VIDA.

Pablo Suriel Langumas

198

La CORTESÍA, es la relación
pública, de la humildad
y DIGNIDAD.

Pablo Suriel Langumas

Tenemos derecho a decir
que sí o que NO, respetando
el tiempo de los demás
y nuestro HONOR.

Pablo Suriel Langumas

Nunca te cases con quien no
amas y QUIERES, vivirás en el
tiempo sin PLACERES.

Pablo Suriel Langumas

El RESENTIMIENTO, es el oasis
de conflicto y SUFRIMIENTO.

Pablo Suriel Langumas

En la acción CIENTÍFICA, está
la solución de la raza
HUMANISTA.

Pablo Suriel Langumas

El que no ama y respeta
a su FAMILIA, no quiere su
patria, ni disfruta la VIDA.

Pablo Suriel Langumas

El amor a tu FAMILIA,
siempre será diferente al amor de
tu PAREJA.

Pablo Suriel Langumas

LA LEALTAD, es el acto
de obediencia y confianza,
a usted mismo y a los DEMÁS.

Pablo Suriel Langumas

La persona que actúa
con HUMILDAD, es respetada
y donde llega es BIENVENIDA.

Pablo Suriel Langumas

El Covid 19 demostró
que ricos y pobres son IGUALES,
con y sin dinero, por falta de
camas y médicos,
fallecieron en todas las
NACIONES.

Pablo Suriel Langumas

Al conocer el mundo enfrentarás
dificultades y PLACERES,
la satisfacción la da, actuar
sin RENCORES.

Pablo Suriel Langumas

Siempre estaremos expuesto al EQUÍVOCO, no a la mala intención con el AMIGO.

Pablo Suriel Langumas

Cumplo con la ley de Dios,
comparto con el PRÓJIMO,
cuidándome primero YO.

Pablo Suriel Langumas

Cuidas tu salud MENTAL
y vivirás con belleza
EMOCIONAL.

Pablo Suriel Langumas

Tenemos que asistir a los envejecientes
que no pueden TRABAJAR y ayudar
los niños a estudiar,
para que puedan TRIUNFAR.

Pablo Suriel Langumas

Hoy más que nunca necesitamos personas de valores y HONOR, para vivir con voluntad y fuente de AMOR.

Pablo Suriel Langumas

Tú eres y SERÁS, un reflejo
de lo que comes y COMERÁS.

Pablo Suriel Langumas

La felicidad no EXISTE,
la tranquilidad se CONSTRUYE.

Pablo Suriel Langumas

Disfruto la vida porque la AMO,
con una buena familia y amistad,
como valor AGREGADO.

Pablo Suriel Langumas

Por actuar con honestidad ante
la SOCIEDAD, no se puede afectar
la INTEGRIDAD.

Pablo Suriel Langumas

Nunca he sido un político
de ejercicio, pero sí de conciencia
y CONVICCIÓN, preocupado
por el mundo y mi NACIÓN.

Pablo Suriel Langumas

HONESTIDAD, es ser justo
y cumplir con los DEMÁS.

Pablo Suriel Langumas

Integridad es actuar correcto
desde el ALMA, sin importar
la opinión de los demás,
para vivir en PAZ.

Pablo Suriel Langumas

La DESLEALTAD, constituye
una traición combinada,
de la honestidad e integridad
HUMANA.

Pablo Suriel Langumas

Lo más difícil en mi existencia
terrenal ha sido, combinar el gran
aprecio que le tengo a las gentes
y la VIDA, con el incumplimiento
de una minoría perversa
y DAÑINA.

Pablo Suriel Langumas

No quiero ser FAMOSO, porque
el mundo ingenuamente, no permite
estar en REPOSO.

Pablo Suriel Langumas

El que no tiene
conciencia y TOLERANCIA,
núnca será portador y merecedor
de la PAZ.

Pablo Suriel Langumas

Los padres que crían sus hijos sin VALOR, crean familias desintegradas y con RENCOR.

Pablo Suriel Langumas

La pobreza no es por falta
de dinero o ESCASEZ,
es la inacción mental
de las GENTES.

Pablo Suriel Langumas

Tenemos que tener gratitud familiar y SOCIAL, para hacer buenas amistades y al mundo poder AMAR.

Pablo Suriel Langumas

Las alegrías se comparten
con la HUMANIDAD y la tristeza
se superan para sí mismo
y ejemplo de los DEMÁS.

Pablo Suriel Langumas

La NOBLEZA, es la embajadora
de un alma sana y SOLIDARIA.

Pablo Suriel Langumas

No es justo luchar y enarbolar otro PAÍS, sin preocuparme por la nación donde NACÍ.

Pablo Suriel Langumas

Del pasado sólo debe
RECORDARSE, los buenos
momentos y el buen resultado
de tu SACRIFICIO.

Pablo Suriel Langumas

La coincidencia de
PENSAMIENTOS, es parte
integral de la existencia
del ser HUMANO.

Pablo Suriel Langumas

Ante la fuerza o maltrato
HUMANISTA, lo enfrentamos
como héroe o nos resignamos a
vivir y morir sin DIGNIDAD.

Pablo Suriel Langumas

Vivir con dignidad, es tener
un techo decente y comida
GARANTIZADA, es aquí, el oasis
de la seguridad CIUDADANA.

Pablo Suriel Langumas

No escribo para COMPETIR, sino, para que las gentes y los pueblos del mundo, tengan un mejor VIVIR.

Pablo Suriel Langumas

Cada minuto es un ciclo
de la VIDA, cuidas y escribes
las ideas que por ser humano,
las OLVIDAS.

Pablo Suriel Langumas

Los buenos valores de familia, insertado en la SOCIEDAD, garantiza el avance y la PAZ.

Pablo Suriel Langumas

En la SOLEDAD, acompañada
de voluntad e inteligencia
emocional, puedes vivir en PAZ.

Pablo Suriel Langumas

El 99% de la FELICIDAD, está
en una buena relación de familia
y mantener amistades
de CALIDAD.

Pablo Suriel Langumas

La amistad que mucho
se MOLESTA, nunca cuentes con
ELLA.

Pablo Suriel Langumas

La amistad que poco
se MOLESTA, siempre contarás
con ELLA.

Pablo Suriel Langumas

La LEALTAD, es el preámbulo
de la amistad, para disfrutarla
hay que mantenerla
con SINCERIDAD.

Pablo Suriel Langumas

A tus semejantes trátelo bien
y dele que HACER, a su lado
se han de MANTENER.

Pablo Suriel Langumas

He escrito, escribo y escribiré
SIEMPRE, para el buen razonar
y bienestar de las GENTES.

Pablo Suriel Langumas

Mandamientos de Reflexiones

La garantía de un buen servicio
a nuestros CLIENTES,
nos da la satisfacción
para SIEMPRE.

Pablo Suriel Langumas

Las personas nacen y mueren,
sus legados SERÁN
para SIEMPRE.

Pablo Suriel Langumas

El OPTIMISTA, no valora la ESPERANZA.

Pablo Suriel Langumas

Si vives sin interés social
y FAMILIAR, nunca conciliaras
contigo mismo, la importancia
de ser amado y AMAR.

Pablo Suriel Langumas

Vivir en el mundo sin amor
en sí MISMO, es caer en un vacío
emocional que te conducirá
al ABISMO.

Pablo Suriel Langumas

La VERGÜENZA, te hace
rectificar ante los DEMÁS.

Pablo Suriel Langumas

El remordimiento, te hace
REFLEXIONAR y con el alma
HABLAR.

Pablo Suriel Langumas

Con el REMORDIMIENTO,
se conquista
el ARREPENTIMIENTO.

Pablo Suriel Langumas

La dignidad de los países,
es responsabilidad
de los GOBIERNOS, con el aporte
de los CIUDADANOS.

Pablo Suriel Langumas

Quien acepta la propuesta
DESHONESTA, asesina
la dignidad de sí mismo
y su FAMILIA.

Pablo Suriel Langumas

Si corriges AVASALLANDO,
puedes terminar FRACASANDO.

Pablo Suriel Langumas

Para tí, soy un padre malo, nunca
un padre BUENO, como buen
padre, no te permito
lo INCORRECTO.

Pablo Suriel Langumas

Cuando una persona muere
en defensa de la PATRIA,
hay que recordarla
con espíritu y el ALMA.

Pablo Suriel Langumas

Comprar el voto de un
CIUDADANO, es quitarle a él
mismo y a los demás, el derecho
a ser libres y SOBERANOS.

Pablo Suriel Langumas

Una mentira SOSTENIDA,
un día cae como una torre
sin COLUMNA.

Pablo Suriel Langumas

Puedo ser liberal o conservador
de NACIMIENTO, nunca
partidario de lo INCORRECTO.

Pablo Suriel Langumas

Las potencias nos imponen
los tratados de libre COMERCIO,
para obtener altos beneficios
y vender a los mejores PRECIOS.

Pablo Suriel Langumas

Hay rico de ABUNDANCIA
y pobre de CONCIENCIA.

Pablo Suriel Langumas

Hay pobre de ABUNDANCIA
y rico de CONCIENCIA.

Pablo Suriel Langumas

Cuando un hombre o mujer
muere en defensa
de la LIBERTAD, ¡permanecerá
viva su espíritu y DIGNIDAD!

Pablo Suriel Langumas

La autoridad que desconoce
o se opone a la aplicación
de la LEY, crea la dictadura
por imposición del PODER.

Pablo Suriel Langumas

En una democracia el poder
absoluto, no se obtiene
por BRILLANTE, sino por la
mala gestión de las pasadas
y actuales AUTORIDADES.

Pablo Suriel Langumas

Lo peor que puedes hacer,
es pudiendo hablar por los que
no tienen VOZ, o callar cuando
todos tienen razón,
por indiferente o TEMOR.

Pablo Suriel Langumas

Al mundo llegamos de manera
gratuita, JAMÁS, debemos
envenenarlo para nosotros
mismos y los DEMÁS.

Pablo Suriel Langumas

La PREPOTENCIA, es el germen
de la INTOLERANCIA.

Pablo Suriel Langumas

El poder absoluto sustentado desconociendo la LEY, puede convertirse en una dictadura y abuso de PODER.

Pablo Suriel Langumas

La falta de solidaridad y equidad
del poder Político y Económico
MUNDIAL, más guerras habrán
de PROVOCAR.

Pablo Suriel Langumas

Hay que ser compasivo ante
el ENEMIGO, pero implacable
ante el ataque injusto
e INCOMPRENSIVO.

Pablo Suriel Langumas

Confías en tus AMIGOS y nunca ignores a tus ENEMIGOS.

Pablo Suriel Langumas

Tus enemigos siempre están
atentos a tus ÉXITOS,
para convertirlos en FRACASOS.

Pablo Suriel Langumas

El enemigo va detrás
de tus PASOS, nunca te miras
de frente, apostando
a tu FRACASO.

Pablo Suriel Langumas

TRAYECTORIA Y DIGNIDAD

La trayectoria, después de los 50 años de edad de los emprendedores, debe estar sustentada y acompañada de 4 factores importantes: DIGNIDAD, ESTABILIDAD, FILANTROPÍA DE IDEAS Y SATISFACCIÓN, los cuales están definidos conceptualmente de la manera siguiente:

1. DIGNIDAD: esta no se hereda, no se renta, no se compra ni se vende, no hay universidad de dignidad... solo la constituye la trayectoria de su vida, que inicia en el lugar de su nacimiento, hasta el lugar de permanencia o donde se encuentre en el momento actual; evidenciándose en la referencia, respeto y el aprecio expresado por todas las personas que los conocen en todos los lugares que halla   pernoctado, hasta el día de hoy, con proyección al último día y hora de su permanencia en la vida.

2. ESTABILIDAD; está conformada por tres factores importantes:
   A. Salud mental, expresada en actuar con inteligencia emocional, sin resentimiento, para una buena convivencia en paz consigo mismo y los demás;
   B. Familia estable, para vivir en armonía sostenible;
   C. Control del sacrificio; el cual está conformado por el cuido del buen nombre, como legado generacional y los ahorros como herramienta de sostenibilidad y equilibrio para un final digno y racional.

3. FILANTROPÍA DE IDEAS, consiste en aportar sus ideas sustentadas en sus experiencias de vida a las nuevas generaciones, sintiéndose de esta manera una persona útil, con una vida más sana y placentera sosteniendo en el tiempo.

4. SATISFACCIÓN MIENTRAS VIVAS POR EL DEBER CUMPLIDO.

NOTA DEL AUTOR

POEMA AL PENSAMIENTO DE UN EMPRENDEDOR

¡PENSAMIENTO! es la sustancia de nuestra existencia, que nos acompaña hasta el último suspiro de nuestras vidas...

¡ah! la vida sin pensamiento, no tuviéramos fracasos, placeres ni encantos; fuera un laberinto sin sentido, no soñáramos lo bueno y lo malo, que a pesar de algunas veces no realizarlo, nos transporta al más allá, a veces sufrimos... a veces disfrutamos... Es el PENSAMIENTO, señorío del sufrimiento y el disfrute con el alma y el más sublime sentimiento...

¡Honor al buen PENSAMIENTO, que siempre está al servicio de la solución de los privilegiados y los más sufridos de los pueblos!

LIBROS DEL AUTOR

MANDAMIENTOS DE UN EMPRENDEDOR

Pensar es crear
soluciones.

INSTITUCIONALIDAD &RIQUEZA

El orden enriquece
nuestras vidas.

PENSAMIENTOS DE ÉXITO

Pensar
es reflexionar.

POESÍAS DE MI ALMA

El amor es la
expresión más
sensible del alma.

www.ingramcontent.com/pod-product-compliance
Lightning Source LLC
Chambersburg PA
CBHW021941120726
47992CB00001B/87